¡Conocimiento a tope!

Asuntos matemáticos

Restas en acción

Adrianna Morganelli

Traducción de Pablo de la Vega

CRABTREE
PUBLISHING COMPANY
WWW.CRABTREEBOOKS.COM

Objetivos específicos de aprendizaje:

Los lectores:

- Describirán la resta como el acto de quitar un número a otro, e identificarán palabras clave de las restas.
- Usarán recursos visuales y palabras clave para completar problemas con restas.
- Identificarán las ideas principales del libro y las repetirán usando sus propias palabras.

Palabras de uso frecuente (primer grado)	**Vocabulario académico**
cuántos, el, ella, es, hay, la, quita(r), su(s), ve	bloques, clave, cuenta, diferencia, gallinero, menos, pista

Estímulos antes, durante y después de la lectura:

Activa los conocimientos previos y haz predicciones:
Pide a los niños que lean el título y miren las imágenes de la tapa y la portada. Pregúntales:

- ¿Qué significa «resta»? ¿Has hecho restas antes?
- ¿Cuántos pollitos ves en la portada? ¿Cuál es la diferencia entre la cantidad a la izquierda y la de la derecha?

Durante la lectura:
Después de leer la página 6, vuelve a leer algunas palabras clave. Pregunta:

- ¿Qué palabras conoces? ¿Cuáles son nuevas?
- ¿Qué palabras han sido usadas hasta ahora en este libro?

Dile a los niños que se convertirán en detectives de las restas cuando lean el resto del libro. Da a cada niño una «pista» para buscar. Pídeles que anoten el número de página cuando vean y escuchen la pista mencionada.

Después de la lectura:
Habla con los niños de las pistas sobre restas que descubrieron leyendo el libro. Haz un cartel didáctico con todas las pistas y algunos ejemplos dados por los niños.

Pon a los niños a trabajar en parejas y pídeles que usen una de las pistas para crear un problema de restas propio, usando objetos del aula. Pide a cada pareja que exponga su problema leyéndolo y resolviéndolo.

Author: Adrianna Morganelli

Series development: Reagan Miller

Editor: Janine Deschenes

Proofreader: Melissa Boyce

STEAM notes for educators:
  Reagan Miller and Janine Deschenes

Guided reading leveling: Publishing Solutions Group

Cover and interior design: Samara Parent

Photo research: Janine Deschenes and Samara Parent

Print coordinator: Katherine Berti

Translation to Spanish: Pablo de la Vega

Edition in Spanish: Base Tres

Photographs:
iStock: Topalov: front cover; martinedoucet: p. 4, p. 8;
  Kemter: p. 16
Shutterstock: Phil's Mommy: p. 18 (all), p. 19 (all)), p. 20 (all),
  p. 21 (bottom)
All other photographs by Shutterstock

Library and Archives Canada Cataloguing in Publication
Title: Restas en acción / Adrianna Morganelli ;
  traducción de Pablo de la Vega.
Other titles: Subtraction in action. Spanish
Names: Morganelli, Adrianna, 1979- author. | Vega, Pablo de la, translator.
Description: Series statement: ¡Conocimiento a tope! Asuntos matemáticos
  | Translation of: Subtraction in action. | Includes index. |
  Text in Spanish.
Identifiers: Canadiana (print) 2020029993X |
  Canadiana (ebook) 20200299948 |
  ISBN 9780778783695 (hardcover) |
  ISBN 9780778783923 (softcover) |
  ISBN 9781427126443 (HTML)
Subjects: LCSH: Subtraction—Juvenile literature. |
  LCSH: Arithmetic—Juvenile literature.
Classification: LCC QA115 .M6718 2021 | DDC j513.2/12—dc23

Library of Congress Cataloging-in-Publication Data
Title: Restas en acción / Adrianna Morganelli ;
  traducción de Pablo de la Vega.
Other titles: Subtraction in action. Spanish
Description: New York : Crabtree Publishing Company, 2021. |
  Series: ¡Conocimiento a tope! Asuntos matemáticos | Includes index.
Identifiers: LCCN 2020033120 (print) |
  LCCN 2020033121 (ebook) |
  ISBN 9780778783695 (hardcover) |
  ISBN 9780778783923 (paperback) |
  ISBN 9781427126443 (ebook)
Subjects: LCSH: Subtraction--Juvenile literature. |
  Arithmetic--Juvenile literature.
Classification: LCC QA115 .M72518 2021 (print) | LCC QA115 (ebook) |
  DDC 513.2/12--dc23

Printed in the U.S.A./102020/CG20200914

Índice

Crabtree Publishing Company
www.crabtreebooks.com   1-800-387-7650

Published in Canada
Crabtree Publishing
616 Welland Ave.
St. Catharines, Ontario
L2M 5V6

Published in the United States
Crabtree Publishing
347 Fifth Ave
Suite 1402-145
New York, NY 10016

Published in the United Kingdom
Crabtree Publishing
Maritime House
Basin Road North, Hove
BN41 1WR

Published in Australia
Crabtree Publishing
Unit 3 – 5 Currumbin Court
Capalaba
QLD 4157

Gallinas perdidas

A Leo le encanta visitar la granja
de su tío. ¡Hoy, Angélica, amiga
de Leo, también visita la granja!

Leo pasea a
Angélica por
la granja.

Hay diez gallinas en la granja.
Leo lleva a Angélica al gallinero.
Ella **cuenta** las gallinas. Sólo ve seis.

Angélica se pregunta cuántas gallinas faltan.

La hora de restar

Los amigos pueden hacer **restas** para descubrir el número de gallinas faltantes. Las restas son quitar un número a otro.

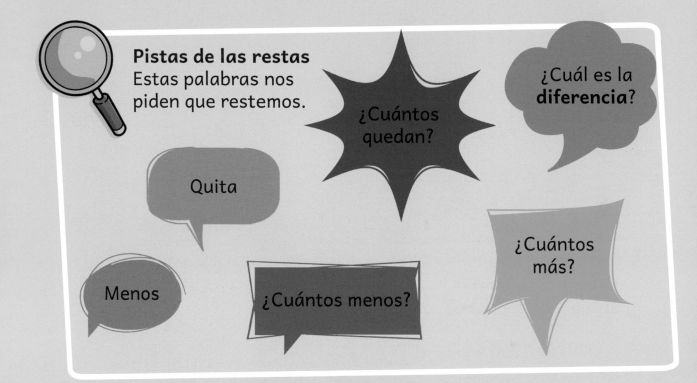

Pistas de las restas
Estas palabras nos piden que restemos.

¿Cuántos quedan?

¿Cuál es la **diferencia**?

Quita

¿Cuántos más?

Menos

¿Cuántos menos?

Angélica y Leo necesitan quitar seis a diez. «Quitar» es una **pista** para que hagas una resta.

En total hay diez gallinas. Angélica vio seis. Quita seis a diez. ¿Cuántas quedan?

$$10 - 6 = 4$$

Diez menos seis es igual a cuatro. Faltan cuatro gallinas.

¿Cuántos quedan?

En la mañana, Leo ayudó a su tío a **recolectar** huevos. Leo le muestra a Angélica los huevos. «¡Genial! ¿Cuántos huevos hay?», pregunta.

Leo y Angélica cuentan los huevos. Hay 20.

¡Oh, no! Se cayeron cinco huevos de la canasta. Leo se pregunta cuántos huevos quedan. Una resta nos dirá cuántos huevos quedan después de haber quitado algunos.

Quedan 15 huevos en la canasta.

$$20 - 5 = 15$$

Resuelve un problema «cochino»

Leo le muestra a Angélica el chiquero. Los amigos cuentan siete cochinos. Algunos cochinos se revuelcan en el lodo para mantenerse frescos. Cuentan cuatro cochinos en el lodo.

Angélica y Leo quieren saber cuántos cochinos no están en el lodo. ¿Los puedes ayudar?

7 – 4 = ?

Quita cuatro cochinos a siete. ¿Cuál es la diferencia?
¿Cuántos cochinos no están en el lodo?

Resta con cero

Un número menos el mismo número es igual a cero. Tres vacas descansan sobre el césped. Tres vacas se quedan dormidas. ¿Cuántas vacas están despiertas? ¡Cero!

3 − 3 = 0

Tres menos tres es igual a cero.

Cuando cero es restado a un número, el número se queda igual.

5 – 0 = 5

Hay cinco gatitos jugando en el granero. Cinco tienen el pelo naranja. Ninguno tiene el pelo negro. ¿Cuántos gatitos tienen pelo naranja?

¿Cuantas mas?

Leo y Angélica recogieron manzanas después del almuerzo. Leo juntó 10 canastas de manzanas.

Angélica juntó 12 canastas de manzanas. ¿Cuántas canastas más que Leo juntó Angélica?

Resta el número más pequeño del número más grande: 12 – 10 = 2.
Angélica juntó 2 canastas más de manzanas.

Resta los cuervos

El tío de Leo tiene dos espantapájaros.

¡Los cuervos no creen que los espantapájaros den miedo! Vuelan hacia los espantapájaros.

El espantapájaros pequeño tiene ocho cuervos. El espantapájaros alto tiene tres cuervos.

8 − 3 = ?

¿Cuántos cuervos más vuelan hacia el espantapájaros pequeño?

Resta con bloques

Leo y Angélica llevan algunas manzanas a la escuela al día siguiente. En la escuela usan **bloques** para ayudarse a restar.

Leo llevó nueve manzanas.

Angélica llevó cinco manzanas.

9 – 5 = ?

¿Cuántas manzanas menos llevó Angélica?

5 − 1 = ?

Angélica se come una de sus manzanas. Quita uno a cinco. ¿Cuántas manzanas le quedan?

9 − 6 = ?

Leo comparte sus manzanas con Katie, Dylan y Amin. Ellos se comen seis manzanas. ¿Cuántas manzanas le quedan a Leo?

¡Practica, practica!

Angélica, Leo y sus amigos practican las restas con bloques. ¿Puedes ayudarlos a encontrar las respuestas?

6 – 3 = ?

Quita tres a seis.
¿Cuántas quedan?

5 – 4 = ?

¿Cuánto es cinco menos cuatro?

12 – 8 = ?

¿Cuál es la diferencia
entre doce y ocho?

9 – 4 = ?

¿Cuántos bloques azules
más que bloques rojos hay?

Palabras nuevas

bloques: sustantivo. Piezas de plástico o madera que representan números.

cuenta: verbo. Que suma para descubrir el total de objetos en un grupo.

diferencia: sustantivo. El número que queda cuando un número más pequeño es restado a un número más grande.

pista: sustantivo. Algo que ayuda a una persona a encontrar algo o resolver un problema.

recolectar: verbo. Recoger objetos de distintos lugares para, con frecuencia, crear una colección o un grupo más grande.

restas: sustantivo. Quitar números a otros números.

Un sustantivo es una persona, lugar o cosa.

Un verbo es una palabra que describe una acción que hace alguien o algo.

Un adjetivo es una palabra que te dice cómo es alguien o algo.

Índice analítico

Sobre la autora

Adrianna Morganelli es una editora y escritora que ha trabajado en una innumerable cantidad de libros de Crabtree Publishing. Actualmente está escribiendo una novela para niños.

Para explorar y aprender más, ingresa el código de abajo en el sitio de Crabtree Plus.

www.crabtreeplus.com/fullsteamahead

Tu código es:
fsa20

(página en inglés)

Notas de STEAM para educadores

¡Conocimiento a tope! es una serie de alfabetización que ayuda a los lectores a desarrollar su vocabulario, fluidez y comprensión al tiempo que aprenden ideas importantes sobre las materias de STEAM. *Restas en acción* explica y repite pistas sobre las restas para ayudar a los lectores a identificar y resolver problemas con restas. La actividad STEAM de abajo ayuda a los lectores a expandir las ideas del libro para el desarrollo de habilidades matemáticas, artísticas y de lengua y literatura.

Creando un cuento sobre restas

Los niños lograrán:
- Crear y resolver problemas con restas.
- Crear un cuento ilustrado que incluya un problema con restas.

Materiales
- Hoja de planeación «Un cuento sobre restas».
- Plantilla «Un cuento sobre restas».
- Ejemplo completo de «Un cuento sobre restas».
- Herramientas artísticas para ilustrar, como crayones.

Guía de estímulos
Después de leer *Restas en acción*, pregunta a los niños:
- ¿Cómo nos ayuda el libro a aprender cómo hacer restas? Repasa algunos ejemplos y practica.
- ¿Pueden pensar una pregunta propia acerca de las restas? Usa objetos del aula para demostrar y pedir a los niños que compartan ideas.
- ¿De qué manera la historia de Leo y Angélica ayuda a que aprendamos sobre restas de manera divertida?

Actividades de estímulo
¡Explica a los niños que demostrarán sus nuevos conocimientos sobre las restas al crear un cuento ilustrado divertido acerca de un problema con una resta! Recuérdales que los cuentos pueden hacer que aprender matemáticas sea divertido.

Los niños pueden trabajar en parejas. Muéstrales el ejemplo completo de «Un cuento sobre restas» y entrega a cada uno una hoja de planeación. Sus cuentos deben incluir:
- Un problema con una resta.
- Al menos una palabra clave sobre las restas (repasa las palabras en la página 6).
- Al menos dos personajes.
- Un mínimo de ocho oraciones.
- Cuatro ilustraciones o más.

Verifica que los niños vayan por el camino correcto mientras planean su cuento. Cuando su plan se ajuste a los criterios, pueden hacer una copia en la plantilla «Un cuento sobre restas».

Pide a los niños que presenten sus historias a sus compañeros.
- La audiencia deberá participar identificando o resolviendo el problema con una resta del cuento.

Extensiones
Pide a los niños que actúen su cuento sobre restas. Pueden actuar ellos mismos o usar títeres.

Para ver y descargar las hojas de trabajo, visita **www.crabtreebooks.com/resources/printables** o **www.crabtreeplus.com/fullsteamahead** (páginas en inglés) e ingresa el código **fsa20**.